AF273004

Rosch Pina

Aus Psalm 118

אֶבֶן מָאֲסוּ הַבּוֹנִים הָיְתָה לְרֹאשׁ פִּנָּה

Ewen ma'assu habonim hajta lᵉrosch pina

Der Stein, den die Bauleute verwarfen,
ist zum Eckstein geworden.

1. Auflage 2012/5773

2. Auflage 2017/5777

Jüdische Liberale Gemeinde Or Chadasch, Zürich

Union progressiver Juden in Deutschland

Autorin

Sylvia Dym

Jüdisches Lehrbuch, Band I – Rachel

Grundlage des Lehrbuches Rachel ist das Unterrichtsmaterial, das Rachel Rybowski in ihrer 20-jährigen Tätigkeit als Lehrerin für den Jüdischen Unterricht in der Jüdisch Liberalen Gemeinde Or Chadasch Zürich entwickelt hat. Als Pionierin hat Rachel Rybowski den Unterricht aufgebaut und geprägt. Während ihrer langen Tätigkeit hat sie vielen Kindern Wissen über die jüdische Tradition vermittelt. Für diesen unschätzbaren Beitrag ist Or Chadasch Rachel Rybowski zutiefst dankbar. Als Ausdruck dafür widmen wir dieses Lehrbuch Rachel Rybowski.

Inhaltsverzeichnis

Liebe Kinder,

das Lehrmittel Rosch Pina ist speziell für euch geschrieben. Wir, die Jüdische Liberale Gemeinde Or Chadasch Zürich und die Union progressiver Juden in Deutschland, finden es wichtig, euch über die jüdischen Traditionen zu unterrichten und haben deshalb ein Lehrprogramm aus drei Lehrbüchern für den Jüdischen Unterricht geschaffen. In der Torah steht geschrieben, dass Eltern und Lehrpersonen ihren Kindern die jüdische Geschichte und jüdische Bräuche lehren sollen. Jüdischer Unterricht ist also ein Auftrag, den die Erwachsenen zu erfüllen haben.

In der Schule lernt ihr lesen und schreiben und andere Sprachen, ihr lernt viel über die Welt in der wir leben, über Städte und Länder, über Pflanzen und Tiere. Zu Hause lernt ihr erwachsen zu werden. Im Unti oder Reli, dem Jüdischen Unterricht, lernt ihr über die jüdischen Bräuche, über Schabbat, die Feiertage und über unsere jüdischen Vorfahren. Diese Sachen sind vor über zweitausend Jahren von jüdischen Gelehrten aufgeschrieben worden.

Sind diese alten Bräuche, so wie sie damals aufgeschrieben wurden, heute denn immer noch wichtig? Ganz bestimmt. Wenn wir die Bräuche und Mizwot so nachleben, dass sie in unsere heutige Zeit passen, sind sie immer noch schön und wichtig. Darum müssen wir uns in jeder Zeit gut überlegen, wie wir die jüdischen Bräuche und Mizwot nachleben. Früher durften Mädchen und Frauen nicht aus der Torah lesen. Heute aber schon. Früher opferten wir Gott Speisen und Tiere als Dank für alles Gute, das er uns gibt. Heute verwenden wir Worte, Gebete, um Gott zu danken und zu loben.

Das Lernprogramm für den Jüdischen Unterricht besteht aus drei Lehrbüchern:

Das erste Lehrbuch »Rachel« ist für Kinder im Alter von sechs bis acht Jahren.

Das zweite Lehrbuch »Ophir« ist für Kinder im Alter von acht bis zehn Jahren.

Das dritte Lehrbuch »Schai« ist für Kinder im Alter von zehn bis dreizehn Jahren.

Die Union progressiver Juden in Deutschland und die Jüdische Liberale Gemeinde Or Chadasch Zürich wünschen den Kindern, den Lehrerinnen und Lehrern und allen, die aus diesem Lehrbuch lehren und lernen, viel Spaß.

Rabbiner Reuven Bar-Ephraim

Rabbiner Reuven Bar Ephraim

Gemeinderabbiner, Jüdische Gemeinde Or Chadasch, Zürich

Thema 1
Schabbat
שַׁבָּת

Die Erschaffung der Welt

Vor langer Zeit gab es noch keine Welt. Es war dunkel, alles war Wasser und es war ein grosses Durcheinander, ein Tohu Wawohu. Da sprach Gott: „Ich werde eine Welt machen." In sechs Tagen schuf Gott die ganze Welt.

וַיְהִי עֶרֶב וַיְהִי
בֹקֶר יוֹם אֶחָד

Am 1. Tag schuf Gott das Licht.

1

וַיְהִי עֶרֶב וַיְהִי
בֹקֶר יוֹם שֵׁנִי

Am 2. Tag schuf Gott den Himmel.

2

וַיְהִי עֶרֶב וַיְהִי
בֹקֶר יוֹם שְׁלִישִׁי

Am 3. Tag schuf Gott die Erde und die Meere und die Flüsse.

3

וַיְהִי עֶרֶב וַיְהִי
בֹקֶר יוֹם רְבִיעִי

Am 4. Tag schuf Gott zwei grosse Lichter. Ein Licht für den Tag und ein Licht für die Nacht und Gott schuf die Sonne und den Mond.

וַיְהִי עֶרֶב וַיְהִי
בֹקֶר יוֹם חֲמִישִׁי

Am 5. Tag schuf Gott die Fische und die Vögel.

וַיְהִי עֶרֶב וַיְהִי
בֹקֶר יוֹם הַשִּׁשִּׁי

Am 6. Tag hatte Gott noch viel zu tun: Er schuf die Tiere auf dem Lande und Menschen, die die Tiere, die Pflanzen und die Erde beschützen sollen.

וַיִּשְׁבֹּת בַּיּוֹם
הַשְּׁבִיעִי

Am 7. Tag schuf Gott den Ruhetag.

Schabbat שַׁבָּת

7

Der Ruhetag Schabbat

Gott hat die Welt geschaffen und war zufrieden.

Gott hat den Menschen aufgetragen, den 7. Tag
als Ruhetag zu heiligen und zu feiern.

Wir nennen diesen Ruhetag Schabbat.
Schabbat feiern ist eine Mizwa. Eine Mizwa ist ein
Auftrag von Gott.

Schabbat beginnt schon am Freitagabend,
wenn es dunkel wird. Wir nennen den Schabbat
am Freitagabend Erew Schabbat.

Am Erew Schabbat zünden wir die Schabbatkerzen an und sagen eine Bracha.

בָּרוּךְ אַתָּה יהוה אֱלֹהֵינוּ מֶלֶךְ הָעוֹלָם אֲשֶׁר
קִדְּשָׁנוּ בְּמִצְוֹתָיו וְצִוָּנוּ לְהַדְלִיק נֵר שֶׁל שַׁבָּת.

Baruch ata Adonai Elohejnu melech
ha'olam ascher kid^eschanu b^emizwotaw
w^eziwanu l^ehadlik ner schel schabbat.

Gepriesen seist Du, EWIGER, unser Gott,
König der Welt, der uns Seine Gebote
geschenkt und uns aufgetragen hat, die
Schabbatkerzen anzuzünden.

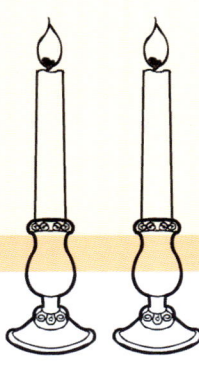

Kiddusch und Hamozi

Wir fangen das Abendessen am Erew Schabbat mit Kiddusch und Hamozi an. Mit dem Kiddusch rufen wir den Schabat zu einem heiligen Tag aus und segnen ihn.

Wir füllen einen Kidduschbecher mit süssem rotem Wein oder mit Traubensaft. Wir stehen auf und sprechen oder singen den Kiddusch:

בָּרוּךְ אַתָּה יהוה אֱלֹהֵינוּ מֶלֶךְ הָעוֹלָם בּוֹרֵא
פְּרִי הַגָּפֶן.
בָּרוּךְ אַתָּה יהוה אֱלֹהֵינוּ מֶלֶךְ הָעוֹלָם אֲשֶׁר
קִדְּשָׁנוּ בְּמִצְוֹתָיו וְרָצָה בָנוּ, וְשַׁבָּת קָדְשׁוֹ
בְּאַהֲבָה וּבְרָצוֹן הִנְחִילָנוּ, זִכָּרוֹן לְמַעֲשֵׂי
בְרֵאשִׁית. כִּי הוּא יוֹם תְּחִלָּה לְמִקְרָאֵי קֹדֶשׁ,
זֵכֶר לִיצִיאַת מִצְרָיִם. כִּי בָנוּ בָחַרְתָּ וְאוֹתָנוּ
קִדַּשְׁתָּ מִכָּל הָעַמִּים, וְשַׁבַּת קָדְשְׁךָ בְּאַהֲבָה
וּבְרָצוֹן הִנְחַלְתָּנוּ. בָּרוּךְ אַתָּה יהוה, מְקַדֵּשׁ
הַשַּׁבָּת.

Baruch ata Adonai Elohejnu melech ha'olam bore p^eri hagafen. Baruch ata Adonai Elohejnu melech ha'olam ascher kid^eschanu b^emizwotaw w^eraza wanu w^eschabbat kodscho b^eahawa uw^erazon hinchilanu sikaron l^ema'asse b^ereschit ki hu jom t^echila l^emikra´e kodesch secher lizijat mizrajim. Ki wanu wacharta w^eotanu kidaschta mikol ha'amim w^eschabbat kodsch^echa b^eahawa uw^erazon hinchaltanu. Baruch ata Adonai m^ekadesch haschabbat.

Gepriesen seist Du, EWIGER, unser Gott, König der Welt, der Du die Frucht des Weinstocks erschaffen hast. Gepriesen seist Du, EWIGER, unser Gott, König der Welt, der uns Seine Gebote gegeben hat, der uns lieb hat und uns Seinen Schabbat in Liebe gegeben hat zum Andenken an die Schöpfung, zum Andenken an den Auszug aus Ägypten, denn Du hast uns auserwählt, uns Deine Liebe und den Schabbat gegeben. Gepriesen seist Du, Gott, der den Schabbat heilig erklärt hat.

Mit dem Hamozi danken wir Gott für das Brot. Für das Hamozi brauchen wir zwei Challot. Wir nehmen die Challot in die Hände und sagen die Bracha:

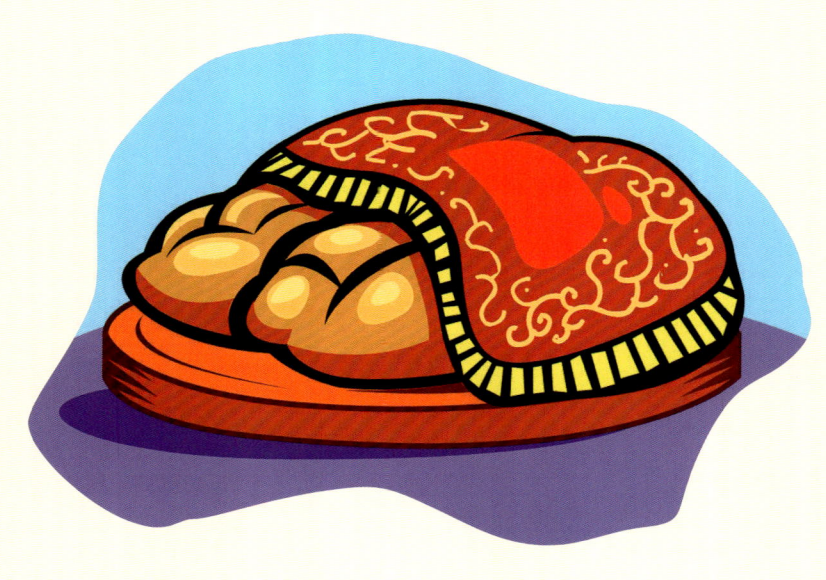

בָּרוּךְ אַתָּה יהוה אֱלֹהֵינוּ מֶלֶךְ הָעוֹלָם
הַמּוֹצִיא לֶחֶם מִן הָאָרֶץ.

Baruch ata Adonai Elohejnu melech ha'olam ha-mozi lechem min ha'arez.

Gepriesen seist Du, EWIGER, unser Gott, König der Welt, der Du das Brot aus der Erde hervorbringst.

Bevor wir ein Stückchen von der Challa essen, streuen wir etwas Salz darüber. Wir wünschen einander Schabbat Schalom, Gut Schabbes! שַׁבָּת שָׁלוֹם !

?!

Wusstest Du schon ...

Das Wort ‚Schabbat' bedeutet ‚aufhören', ‚nichts tun' oder eben ‚nicht arbeiten'.

Eine Insel in der Zeit

Gott hat uns aufgetragen, den Schabbat zu heiligen. Schabbat soll ein besonderer Tag sein. Ausruhen und den Schabbat heiligen? Wie machen wir das denn?

Ausruhen am Schabbat

Am Schabbat machen wir es uns bequem. Wir sollen nicht arbeiten, nicht putzen, nicht aufräumen, keine Sachen reparieren, nicht bügeln, keine Hausaufgaben machen.

Wir können spazieren gehen, auf Besuch gehen, miteinander spielen, lesen, zeichnen, Musik machen oder einfach zusammen sein und zum Beispiel einander Geschichten erzählen.

Den Schabbat heiligen

Der Schabbat kann eine Insel in der Zeit sein. Stellt Euch eine schöne kleine Insel vor mit Bäumen, Wiesen und Blumen. Eine Insel, auf der die Menschen fröhlich sind und die Kinder lachen. Eine Insel, auf der es keinen Ärger, keinen Streit und Stress gibt.

Schabbat ist kein Schabbat, wenn wir ihn nicht zu einem Schabbat machen. Wenn wir den Schabbat zu einem Schabbat machen, heiligen wir ihn. Lasst uns dem Schabbat ein Gesicht geben:

- Wir ziehen am Schabbat schöne Schabbeskleider an.

- Wir zünden die Schabbatkerzen an, das machen wir noch bevor es dunkel wird und der Schabbat beginnt.

- Wir machen Kiddusch über den Wein und sagen Hamozi über die Challot.

- Wir decken am Schabbat den Tisch mit einem schönen Tischtuch und schönen Servietten.

- Wir essen am Schabbat ein festliches Schabbesessen.

- Wir gehen am Schabbat in das Bejt Knesset.

- Wir geniessen am Schabbat das Zusammensein mit der Familie und mit Freunden.

Wusstest Du schon ...

‚Schabbes' ist Jiddisch für ‚Schabbat'. Jiddisch ist eine alte deutsche Sprache, die mit Hebräisch und osteuropäischen Sprachen vermischt ist. Heute reden fast nur noch die ganz orthodoxen Juden Jiddisch miteinander.

Bejt Knesset ist Hebräisch und bedeutet ‚Haus der Zusammenkunft'. Wir nennen die Synagoge ‚Bejt Knesset'.

Hawdala

Wir beenden den Schabbat am Abend, wenn es dunkel geworden ist, mit der Hawdala.

Für die Hawdala brauchen wir:

- eine geflochtene festliche Kerze,

- einen Kidduschbecher voll Wein oder Traubensaft,

- ein Büchslein mit Gewürzen, die wir Bessamim nennen, was ‚Gewürze' auf Hebräisch bedeutet.

Wir zünden die Kerze an, nehmen den Kidduschbecher in die Hand und sprechen die Bracha über den Wein:

בָּרוּךְ אַתָּה יהוה אֱלֹהֵינוּ
מֶלֶךְ הָעוֹלָם בּוֹרֵא פְּרִי הַגָּפֶן.

Baruch ata Adonai Elohejnu melech ha'olam bore p^eri hagafen.

Gepriesen seist Du, EWIGER, unser Gott, König der Welt, der Du die Frucht des Weinstocks erschaffen hast.

Wir nehmen das Büchslein mit den Bᵉssamim und sprechen die Bracha über die Gewürze:

בָּרוּךְ אַתָּה יהוה אֱלֹהֵינוּ

מֶלֶךְ הָעוֹלָם בּוֹרֵא מִנֵי בְשָׂמִים.

Baruch ata Adonai Elohejnu melech ha'olam bore mine bᵉssamim.

Gepriesen seist Du, EWIGER, unser Gott, König der Welt, der Du wohlriechende Gewürze geschaffen hast.

Wenn wir den Schabbat verlassen, nehmen wir ihn mit dem wohlriechenden Duft der Gewürze in den Alltag mit.

Dann halten wir die Hände vor das Licht der Kerze, drehen die Handflächen nach oben, beugen die Finger bis auf der Handfläche Licht und Schatten entstehen.

Wir lesen:

בָּרוּךְ אַתָּה יהוה אֱלֹהֵינוּ מֶלֶךְ

הָעוֹלָם בּוֹרֵא מְאוֹרֵי הָאֵשׁ.

Baruch ata Adonai Elohejnu melech ha'olam bore
m^eore ha'esch.

Gepriesen seist Du, EWIGER, unser Gott, König der Welt,
der Du das Licht des Feuers erschaffen hast.

Das Licht auf der Handfläche zeigt uns den Schabbat.
Der Schatten auf der Handfläche zeigt uns den Alltag.

Wir lesen die letzte Bracha:

בָּרוּךְ אַתָּה יהוה אֱלֹהֵינוּ מֶלֶךְ

הָעוֹלָם הַמַּבְדִּיל בֵּין קֹדֶשׁ לְחוֹל.

Baruch ata Adonai Elohejnu melech ha'olam
hamawdil ben kodesch l^echol.

Gepriesen seist Du, EWIGER, unser Gott, König der
Welt, der Du unterscheidest zwischen dem Heiligen
und dem Alltäglichen.

Wir trinken aus dem Kidduschbecher, löschen mit dem Wein die Hawdalakerze aus und wünschen einander Schawua Tow, eine gute Woche.

Nach der Hawdala singen wir:

Elijahu hanawi Elijahu hatischbi, Elijahu hagiladi, Elijahu Elijahu Elijahu hagiladi, Elijahu, Elijahu Elijahu hagiladi.

Thema 2
Jüdischer Kalender
לוּחַ עִבְרִי

Jüdischer und christlicher Kalender

Ein Kalender ist eine Ordnung für die Zeit, womit man Jahre, Monate, Wochen, Tage und Stunden zählen kann.

In der christlichen Jahreszählung ist jetzt das Jahr 2017. In der christlichen Jahreszählung zählt man ab der Geburt von Jesus. In der jüdischen Jahreszählung ist jetzt das Jahr 5777 und man zählt ab der Erschaffung der Welt.

Gelehrte Menschen haben die Torah studiert und ausgerechnet, wie alt die Welt ist.

Heute wissen wir aus uralten ausgegrabenen Fundstücken und Skeletten, dass die Welt viel älter ist als gut 5000 Jahre. Das macht uns aber nichts aus. Wir behalten und benutzen im Judentum trotzdem die jüdische Jahreszählung.

Die unterschiedliche Jahreszählung ist nicht der einzige Unterschied zwischen dem christlichen und dem jüdischen Kalender. Im christlichen Kalender richtet man sich nach der Sonne. Im jüdischen Kalender richtet man sich nach dem Mond.

Sonnen- und Mondkalender

Der Mond kreist um die Erde.

Der Mond kreist in etwas mehr als 29 Tagen um die Erde. Diesen Kreislauf des Mondes um die Erde nennen wir Monat. Wie wusste man früher, wie lange ein Monat dauert? Einfach dadurch, indem man den Mond beobachtete. Der Mond wächst und schwindet in etwas mehr als 29 Tagen, von einer hauchdünnen Mondsichel bis zu einem vollen und runden Mond und zurück.

Die Erde kreist um die Sonne.

Die Erde kreist in ungefähr 365 Tagen um die Sonne. Diesen Kreislauf der Erde um die Sonne nennen wir Jahr. Wie wusste man früher, wie lange ein Jahr dauert? Einfach dadurch, indem man die Natur beobachtete. Immer in der gleichen Jahreszeit bekommen und verlieren die Bäume ihre Blätter, wächst das Getreide aus der Erde, wachsen die Äpfel und Orangen an den Bäumen und die Trauben an den Reben. Immer in der gleichen Jahreszeit ist es kalt oder warm. Diese Jahreszeiten nennen wir Frühling, Sommer, Herbst und Winter.

Die Erde dreht sich um ihre eigene Achse.

Die Erde dreht sich in 24 Stunden um ihre eigene Achse, um sich selbst. Der Mond kreist in 29 Tagen um die Erde und die Erde kreist in 365 Tagen um die Sonne. Stellt euch jetzt die Erde vor, die auf der ovalen Bahn um die Sonne kreist und zudem sich auch noch um sich selbst dreht.

Stellt euch jetzt den Mond vor, der auf einer Bahn um die Erde kreist und zudem auch auf der Sonnenbahn mitfährt. Ein Teil der Erde, wir nennen ihn hier die Vorderseite, ist der Sonne zugewandt und wird von ihr beleuchtet. Da sich die Erde um ihre eigene Achse und um die Sonne dreht, ist nicht immer der selbe Teil von der Sonne beleuchtet. Auf dem von der Sonne beleuchteten Teil der Erde ist es Tag, auf dem unbeleuchteten Teil Nacht. Genau das gleiche gilt für den Mond. Ein Teil des Mondes ist der Sonne zugewandt und wird von ihr beleuchtet. Der hintere Teil des Mondes ist unbeleuchtet.

Von der Erde aus gesehen können wir aber die beleuchtete Seite des Mondes fast nie vollständig sehen. Die Erde und der Mond bewegen sich ständig. Der Mond um sich selber und um die Erde. Die Erde um sich selber und um die Sonne. Da wir nicht um die Ecke schauen können, sehen wir den beleuchteten Teil des Mondes, der hinter der Erde steht, nicht. Den Teil, den wir sehen, nennen wir Mondsichel.

Einmal im Monat stehen die Sonne, die Erde und der Mond einander in einer waagrechten Reihe hintereinander. Der Mond dreht sich in einer Elipse, einem ovalen Kreis, um die Erde. Da die Erde schief auf der Bahn um die Sonne steht, befindet sich der Mond manchmal oberhalb der Erde, manchmal unterhalb und manchmal auf gleicher Höhe mit ihr.

Wenn der Mond in seiner Bahn um die Erde oberhalb der Erde steht, können wir den ganzen beleuchteten Teil des Mondes sehen. Dann ist es Vollmond. Wenn der Mond in seiner Bahn um die Erde aber auf gleicher Höhe, genau hinter der Erde steht, können wir nichts von dem beleuchteten Teil des Mondes sehen. Dann ist Leermond oder Neumond.

Sonnenjahr

Die Reise der Erde um die Sonne dauert 365 Tage, das ist ein Jahr. Ein Jahr hat zwölf Monate. Diese ausgerechneten Monate haben 30 und 31 Tage pro Monat. Das Ausrechnen geht so: man teilt 365 durch 12.

Ein wirklicher Monat, also der Kreislauf des Mondes um die Erde, ist aber kürzer.

Mondjahr

Die Reise des Mondes um die Erde dauert 29,5 Tage. Zwölf Monate geben dann 354 Tage.

Die Rechnung geht so: man vervielfacht 29,5 mit 12 und bekommt 354. Ein Mondjahr ist also elf Tage kürzer als ein Sonnenjahr.

Die Rechnung geht so: 365 weniger 354 ist 11.

Sonnenjahr und Mondjahr im jüdischen Kalender

Hier seht ihr die Jahreszeiten und Monate im Sonnenjahr mit 365 Tagen

Januar	Februar	März	April	Mai	Jun

Winter   Frühling

Tewet	Sch^{e}wat	Adar	Nissan	Ijar	Siwan	Tamus	Av

Hier seht ihr die Jahreszeiten und Monate im Mondjahr mit 354 Tagen

1. Das Mondjahr ist 11 Tage kürzer als das Sonnenjahr.
2. Nach drei Jahren liegt das Mondjahr 33 Tage, also etwas mehr als einen Monat, hinter dem Sonnenjahr zurück.
3. Nach 9 Jahren liegt das Mondjahr 99 Tage, also etwas

uli	August	September	Oktober	November	Dezember

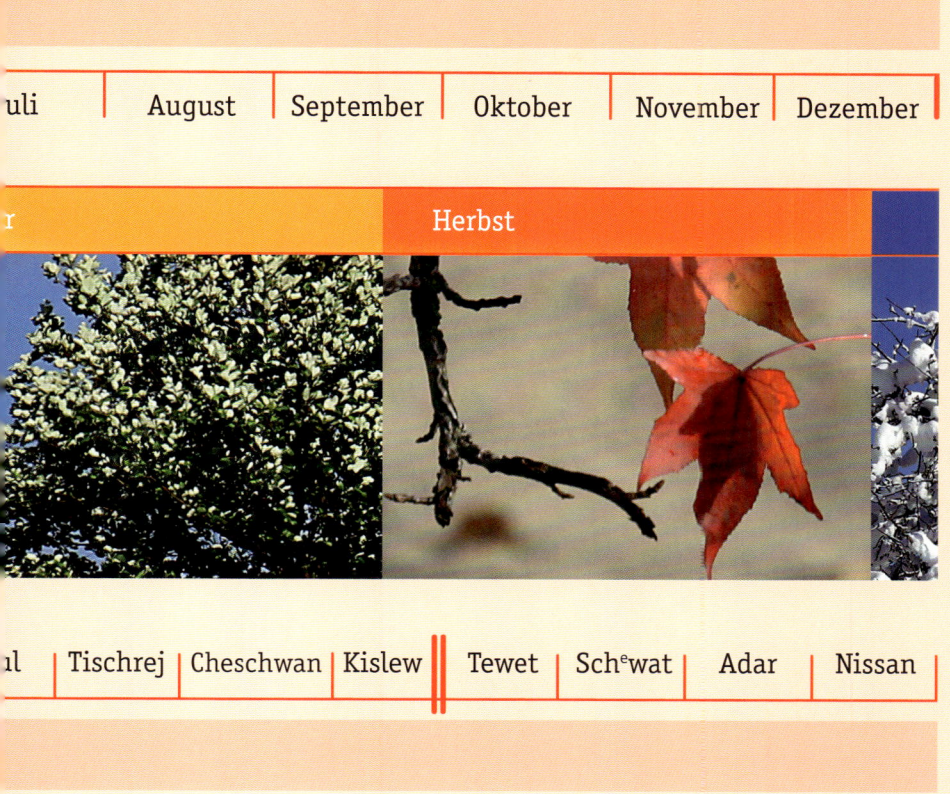

Herbst

l	Tischrej	Cheschwan	Kislew	Tewet	Sch^ewat	Adar	Nissan

mehr als 3 Monate, hinter dem Sonnenjahr zurück.

4. Nach 9 Jahren fällt der Monat Nissan in den Winter. Pessach soll aber im Monat Nissan, und zwar im Frühling, gefeiert werden.

Seht ihr, was passiert?

Im kürzeren Mondjahr fallen die Monate, wenn sie nur
29,5 anstatt 30 und 31 Tage haben, nicht in die gleichen
Jahreszeiten.

Weil das Mondjahr kürzer ist als das Sonnenjahr, würden
die jüdischen Mondmonate nie in der gleichen Jahreszeit
sein. Wenn du im jüdischen Monat Nissan geboren bist und
du würdest deinen Geburtstag am jüdischen Geburtstag
feiern, wäre dein Geburtstag manchmal im Winter, manchmal im Frühling, manchmal im Sommer und manchmal im
Herbst, weil der Nissan im Mondjahr jede neun Jahre in
eine andere Jahreszeit fällt. Das wäre ja nicht so schlimm.
Du könntest je nachdem eine Badeparty oder eine Schlit-
tenparty veranstalten.

Die meisten jüdischen Feiertage finden in einer bestimm-
ten Jahreszeit statt. Pessach feiern wir im Frühling, wenn
das Getreide hoch steht. An Schawu'ot feiern wir das Gelin-
gen der ersten Ernte, dann ist der Frühling auch fast schon
vorüber. Sukkot feiern wir am Ende der Ernte, das ist im
Herbst. Da die Monate im Mondkalender nicht mit den Jahreszeiten übereinstimmen, könnten diese Feiertage nicht
immer in der richtigen Jahreszeit gefeiert werden.

Darum fügt man dem jüdischen Mondkalender ungefähr alle drei Jahre einen Monat hinzu. So holt man die elf fehlenden Tage auf und das jüdische Jahr hat gleich viele Tage wie das Sonnenjahr, nämlich 365. So ein Aufholjahr heisst Schaltjahr. Der Aufholmonat heißt Adar I. Wenn man ihn nicht aufholt, würde sonst das Mondjahr mit den jüdischen Monaten nach neun Jahren, wie ihr es auf der Zeichnung seht, drei Monate (also eine Jahreszeit) vom Sonnenjahr abweichen. Pessach, den Feiertag, den wir immer im Frühling feiern sollen, würde dann im Winter sein. Die Monate und Jahreszeiten verschieben sich rückwärts, da das Mondjahr kürzer ist als das Sonnenjahr.

?!

Wusstest Du schon ...

Den Sonnenkalender nennt man auch Solarkalender. Das Wort ‚Solar' kommt von ‚sol', dem lateinischen Wort für ‚Sonne'.
Den Mondkalender nennt man auch Lunarkalender. Das Wort ‚Lunar' kommt von ‚luna', dem lateinischen Wort für ‚Mond'.

Rosch Chodesch רֹאשׁ חֹדֶשׁ

Früher, als es noch keinen Kalender gab, musste man den Mond beobachten, um zu wissen, wann ein neuer Monat beginnt. Wie ihr wisst, ist der Mond am Himmel nicht immer gleich groß. Er wird größer und kleiner. In einer Nacht sieht man den Mond gar nicht. Und dann, in der nächsten Nacht, kommt er wieder zum Vorschein, dünn wie eine Sichel. Dann ist Rosch Chodesch, Neumond. Dann fängt ein neuer Monat an.

Wir feiern den Anfang des Monats auch heute noch. Am Schabbat vor dem Rosch Chodesch wird der Anfang des neuen Monats im Bejt Knesset angekündigt.

Die jüdischen Monate

	Jüdischer Name	Im Sonnenkalender
1. Monat	Nissan	März und April
2. Monat	Ijar	April und Mai
3. Monat	Siwan	Mai und Juni
4. Monat	Tamus	Juni und Juli
5. Monat	Aw	Juli und August
6. Monat	Elul	August und September
7. Monat	Tischrej	September und Oktober
8. Monat	Cheschwan	Oktober und November
9. Monat	Kislew	November und Dezember
10. Monat	Tewet	Dezember und Januar
11. Monat	Sch^ewat	Januar und Februar
12. Monat	Adar (im Schaltjahr) I	Februar und März
13. Monat	Adar II	März und April

Die Feiertage im jüdischen Kalender

Feiertage
Pessach, Jom Ha'azma'ut, Schawu'ot

Feiertag
Rosch Haschana

Feiertage
Rosch Haschana, Jom Kippur, Sukkot,
Simchat Torah, Chanukka

Feiertage
Chanukka, Tu Bi Sch^ewat, Purim

Wie ihr seht, fällt Rosch Haschana manchmal in den Sommer und manchmal in den Herbst, und Chanukka manchmal
in den Herbst und manchmal in den Winter.

Thema 3
Feiertage
חֲגִים

Rosch Haschana   רֹאשׁ הַשָּׁנָה

Rosch Haschana ist ein Jom Tow, was auf Hebräisch ‚Feiertag' bedeutet. Wir sagen auch Jontew, das ist das jiddische Wort dafür. Wir wünschen einander Chag Same'ach, Gut Jontew oder Schana Towa. Rosch Haschana hat drei Namen und drei Bedeutungen:

Erste Bedeutung

Rosch Haschana = Neujahr

An Rosch Haschana feiern wir den Geburtstag der Welt und den Beginn des neuen Jahres.

Gott soll die Welt im Monat Tischrej erschaffen haben. Ob das jetzt genau stimmt oder nicht, ist ja nicht so wichtig. Die jüdische Tradition gibt uns einen Geburtstag der Welt, und zwar an Rosch Haschana. Dass die Welt, eben weil sie ja irgendwann einmal entstanden ist oder erschaffen wurde, einen Geburtstag hat, ist schön. Zu einem Geburtstag gehören Geburtstagsgeschenke. Es ist aber gar nicht so leicht, der Welt ein Geburtstaggeschenk zu machen. Gott hat die Welt erschaffen und uns aufgetragen, gut für die Welt zu sorgen. Gut für die Welt sorgen nennen wir Tikkun Olam.

- Wir sollen keine Pflanzen ausreissen und keine Wälder abholzen.

- Wir sollen das Wasser nicht verschmutzen, unseren Abfall nicht herumliegen lassen oder in den Fluss, den See oder das Meer werfen.

- Wir sollen keine Tiere töten oder quälen und keine Menschen unterdrücken.

- Wir sollen über die Natur lernen, damit wir wissen, was gut ist für die Natur und was nicht.

- Wir sollen Lebensraum schaffen für die wildlebenden Tiere.

- Wir sollen Pflanzen und Tiere, die vom Aussterben bedroht sind, schützen.

- Wir sollen Menschen, die arm, krank oder bedürftig sind, helfen.

Zweite Bedeutung:

Jom Hadin = Tag des Urteils

An Jom Hadin werden die guten und die schlechten Taten in einem himmlischen Buch aufgeschrieben. Wir wissen nicht, ob es so ein Buch im Himmel wirklich gibt. Es ist aber klug zu glauben, dass es dieses Buch gibt. Es hilft uns aufzupassen, wie wir uns benehmen. Wir wollen ja sicher nicht auf der Buchseite mit schlechten Taten stehen. An Rosch Haschana, an Jom Hadin, denken wir ganz fest über uns selbst nach.

Wie haben wir uns das letzte Jahr betragen?

- Habe ich jemanden angelogen?

- Habe ich schlecht über jemanden gesprochen?

- Habe ich jemanden geplagt?

- Habe ich jemandem nicht geholfen, der meine Hilfe brauchte?

- Habe ich jemanden im Stich gelassen, der mich um etwas gebeten hat?

An Rosch Haschana flehen wir zu Gott, dass er unsere Gebete, in denen wir unser Betragen bereuen und um Verzeihung bitten, erhören möge. Wir flehen Gott an, gütig mit uns zu sein. Wir singen das Awinu Malkenu:

אָבִינוּ מַלְכֵּנוּ, חָנֵּנוּ וַעֲנֵנוּ, כִּי אֵין בָּנוּ
מַעֲשִׂים, עֲשֵׂה עִמָּנוּ צְדָקָה וָחֶסֶד,
וְהוֹשִׁיעֵנוּ.

Awinu malkenu chonenu wa`anenu ki en banu ma'assim. Asse imanu z^{e}daka wachessed w^{e}hoschi'enu.

Unser Vater, unser König, sei uns gnädig und erhöre uns, auch wenn wir nicht gut gewesen sind, sei gut und gerecht mit uns.

Chag Same'ach! Frohes Fest! ‏!חַג שָׂמֵחַ‎

Dritte Bedeutung:

Jom Hasikaron = Tag des Erinnerns

An Jom Hasikaron erinnern wir uns an die Zehn Weisungen (wir nennen sie auch die Zehn Gebote), die Gott Mosche auf dem Berge Sinai gegeben hat. An Jom Hasikaron erinnert Gott sich daran, dass die Menschen gut sind, auch wenn sie manchmal wirklich schlechte Sachen gemacht haben.

An Rosch Haschana blasen wir im Bejt Knesset das Schofar. Das Schofar ist ein Horn von einem Widder oder einem Steinbock.

Warum blasen wir das Schofar? Das Schofarblasen soll uns erinnern, über unser Benehmen nachzudenken. Die Schofartöne erinnern uns daran, dass Gott uns die Zehn Weisungen und die Torah gegebenen hat. Die Schofartöne lassen uns hoffen, dass es einmal Frieden auf der ganzen Welt geben wird.

Schana Towa! Ein gutes Jahr! ‏שָׁנָה טוֹבָה!‏

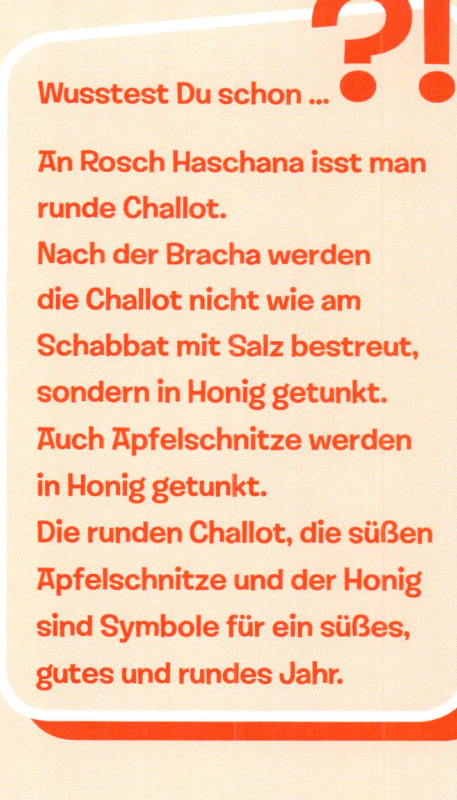

?!

Wusstest Du schon ...

An Rosch Haschana isst man runde Challot.
Nach der Bracha werden die Challot nicht wie am Schabbat mit Salz bestreut, sondern in Honig getunkt. Auch Apfelschnitze werden in Honig getunkt.
Die runden Challot, die süßen Apfelschnitze und der Honig sind Symbole für ein süßes, gutes und rundes Jahr.

Jom Kippur   יוֹם כִּפּוּר

An Jom Kippur sollten Jüdinnen und Juden ab dem Bat
und Bar Mizwa-Alter fasten. Vom Sonnenuntergang bis
zum nächsten Sonnenuntergang sollte man nicht essen
und nicht trinken. An Jom Kippur dauert der Gebetsdienst im Bejt Knesset einen ganzen Abend und den
ganzen darauffolgenden Tag. Mit dem Fasten und dem
langen Gebetsdienst wollen wir unsere Reue zeigen.

Übeltaten

Ab dem 1. Tag Rosch Haschana bis zu Jom Kippur haben
wir zehn Tage, an denen wir über unser Betragen nach-
denken können. Haben wir uns schlecht benommen?
Haben wir etwas Falsches gemacht? Sind wir frech oder
sogar gemein gewesen? Haben wir gestohlen, gelogen
oder jemanden geschlagen? Haben wir jemanden, der
uns gebraucht hätte, im Stich gelassen? Haben wir unser
Versprechen nicht gehalten?

Welche Arten von Übeltaten gibt es?

- Übeltaten gegenüber Menschen

- Übeltaten gegenüber Gott

- Übeltaten gegenüber der Erde und der Menschlichkeit

Übeltaten gegenüber Menschen

Wenn wir lügen, hetzen oder schlecht über jemanden reden, benehmen wir uns schlecht gegenüber Menschen.

Wenn wir stehlen, benehmen wir uns schlecht gegenüber Menschen.

Wenn wir jemanden beleidigen, schlagen oder beschimpfen, benehmen wir uns schlecht gegenüber Menschen.

Diese Übeltaten sind manchmal recht schlimm. Können wir sie wieder gut machen? Sicher! Wir können uns entschuldigen! Wir können den Lehrer, die Kinder, vielleicht die Geschwister oder die eigenen Eltern, gegenüber denen wir uns schlecht betragen haben, um Verzeihung bitten. Wenn du dich entschuldigst, werden die Erwachsenen oder die Kinder dir fast immer auch vergeben. Wenn die Erwachsenen und die Kinder uns vergeben oder wenn wir uns bemüht haben, um Verzeihung zu bitten, vergibt Gott uns auch. Aber nur dann! Versuche es doch mal!

Übeltaten gegenüber Gott

Vielleicht sollten wir im Allgemeinen nicht von Übeltaten gegenüber Gott reden. Lasst uns darum über das Vernachlässigen von Gott sprechen. Eine Übeltat aber gibt es schon: Wenn wir über Ihn lästern, Ihn lächerlich machen oder Gott als Schimpfwort benutzen, begehen wir eine Übeltat gegenüber Gott.

Wenn man den Schabbat und die Festtage nicht feiert, vernachlässigt man Gott. Wenn man an Rosch Haschana nicht über sein Verhalten nachdenkt, wenn man falsche Sachen gemacht hat und sie nicht bereut, vernachlässigt man Gott.

Wenn man nichts mit der Torah zu tun haben will, nicht lernen will, was in der Torah geschrieben steht, vernachlässigt man Gott.

Für diese Vergehen gibt es zum Glück den Jom Kippur. Wir können Gott um Verzeihung bitten und Ihm versprechen, am Schabbat und an den Festtagen die Kerzen anzuzünden, Kiddusch zu machen und in das Bejt Knesset zu gehen. Wir können Gott versprechen, im Religionsunterricht und für die Bat oder Bar Mizwa fleissig zu lernen. Wenn wir es wirklich meinen, wird Gott uns an Jom Kippur verzeihen.

Übeltaten gegenüber der Erde und der Menschlichkeit

Wenn man Tiere quält, zum Beispiel Würmer teilt, Spinnen Beine ausreißt, Spinnennetze zerstört oder absichtlich auf Schnecken tritt, begeht man eine Übeltat gegen die Erde.

Wenn man ohne jeden Grund Blumen ausreißt oder Blätter von Bäumen abreißt, begeht man eine Übeltat gegen die Erde.

Wenn man immer wieder Menschen belügt, misshandelt oder sogar ermordet, wenn man immer wieder stiehlt oder sich nicht an die Gesetze hält, begeht man eine Übeltat gegen die Menschen, die auf der Erde leben.

Manchmal töten Soldaten im Krieg feindliche Soldaten. Das ist schon schlimm genug. Wenn Soldaten aber Menschen töten, die nichts mit dem Krieg zu tun haben, ist das eine Übeltat gegen die Menschlichkeit.

Für die Übeltaten gegen die Menschlichkeit, für solch große Verbrechen gibt es keine Versöhnung. Es ist unmöglich, viele hundert oder tausend Menschen, denen man Leid angetan hat, um Verzeihung zu bitten. Es ist unmöglich, Menschen, die man ermordet hat, um Vergebung zu bitten.

?!

Wusstest Du schon ...

An Rosch Haschana und an Jom Kippur ist das Bejt Knesset weiß geschmückt. Die Mäntel der Torahrollen, der Vorhang des Aron Hakodesch und die Decke auf dem Vorlesepult sind weiß. Weiß ist die Farbe der Reinheit.

Spezielle Gebete

An Jom Kippur bitten wir Gott unsere Versprechen, die wir schuldlos nicht einhalten konnten, als ungültig zu erklären. Dieses Gebet heißt Kol Nidrej, das bedeutet ,alle unsere Versprechen'.

An Jom Kippur loben wir Gott, weil Er Erbarmen hat und uns unsere Übeltaten vergibt. Dieses Gebet heißt Adonai Adonai el rachum, das bedeutet ,Gott, der Erbarmen hat'.

An Jom Kippur beten wir das Widui-Gebet. Wir geben zu, dass wir uns manchmal schlecht benommen haben. Wir sagen Aschamnu, das heißt, wir haben uns übel benommen, und klopfen uns dabei mit der Faust aufs Herz.

An Jom Kippur singen wir alle zusammen das Awinu Malkenu. Wir bitten Gott, uns zu erhören und gütig mit uns zu sein, auch wenn wir nicht immer gut gewesen sind.

עַל חֵטְא

Sukkot   סֻכּוֹת

Fünf Tage nach Jom Kippur feiern wir Sukkot und zwar sieben Tage lang. Der 1. Tag ist ein Jontew. Das bedeutet, dass wir am diesem Tag nicht arbeiten und nicht in die Schule gehen sollen.

Die sechs folgenden Tage nennen wir Chol Hamo'ed. Chol Hamo'ed sind Tage, die zu einem Feiertag gehören, an denen wir arbeiten und in die Schule gehen dürfen. Es gibt zwei Gründe, weshalb wir Sukkot feiern.

Sukkot ist ein Erntedankfest

Wir danken Gott für das Getreide, das Gemüse, die Knol-
len, die Beeren und das Obst, die aus der Erde, an den
Sträuchern und Bäumen gewachsen sind, und die wir auch
dieses Jahr wieder ernten durften. An Sukkot binden wir
uns einen Feststrauß aus Zweigen von drei verschiedenen
Pflanzen zusammen. Zum Feststrauß gehört eine Zitrusfrucht.

Ein Palmzweig   Zwei Bachweidenzweige   Eine Zitrusfrucht

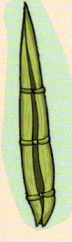  

Drei Myrtenzweige   Der Lulaw

 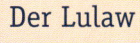 

Wir nennen den
Feststrauß Lulaw
und die Zitrus-
frucht Etrog.

Was machen wir mit dem Lulaw? Im Bejt Knesset, bei be-stimmten Gebeten, schütteln wir den Lulaw nach vorne, nach hinten, nach rechts, nach links, nach oben und nach unten. Wir sagen damit: „Seht, Gottes Segen ist überall!"

Sukkot ist ein Erinnerungsfest

Das Volk Israel wanderte 40 Jahre durch die Wüste, bevor es in das Land Israel einziehen durfte. Auf ihrer Wanderung bauten die Menschen sich Laubhütten aus Zweigen, Blät-tern und Tierfellen. Zur Erinnerung an die Einschränkungen, die sie während dieser Zeit in der Wüste erdulden mussten, und an den Schutz, den Gott ihnen gegeben hatte, bauen wir uns an Sukkot eine Laubhütte, eine Sukka, in der wir essen.

?!

Wusstest Du schon ...

Wir verzieren die Sukka mit fröhlichen Zeichnungen und hängen Pflanzen, Gemüse und Obst auf.
Die Sukka soll mindestens drei Wände haben und das Dach soll aus Zweigen ge-baut werden, durch die man den Himmel sehen kann.

Simchat Torah   שִׂמְחַת תּוֹרָה

Simchat Torah ist ein Torah-Freudenfest. Vor langer Zeit, als das Volk Israel aus Ägypten und aus der Sklaverei befreit wurde, wanderte es 40 Jahre durch die Wüste. Damals, dort in der Wüste, hatte Mosche, der Anführer des Volkes Israel, von Gott die Zehn Weisungen (sie werden auch Zehn Gebote genannt) erhalten. Daraus entstand dann die Torah. Die Torah ist die Lehre des jüdischen Volkes. In der Torah steht geschrieben, wie wir uns als gute Menschen und als gute Juden betragen sollen. In der Torah stehen die Mizwot, die Aufträge, die Gott uns gegeben hat.

Wir lesen die ganze Torah in einem Jahr, von Anfang bis zum Ende.

An Simchat Torah freuen wir uns nicht nur darüber, dass wir die Torah bekommen haben. Wir freuen uns auch, dass wir an Simchat Torah die Torah fertig lesen und wieder anfangen die Torah neu zu lesen.

Wusstest Du schon ...

Vor ein paar hundert Jahren konnten die meisten Menschen nicht lesen und schreiben. Deshalb wurde den Menschen an den Tagen, an denen sie auf dem Markt Sachen einkauften, aus der Torah vorgelesen.

Torah תּוֹרָה

Aufrufen zur Torah

Am Schabbat und an den Feiertagen lesen wir aus der Torah. Bei der Lesung der Torah werden Jüdinnen und Juden ab Bat und Bar Mizwa-Alter zur Torah aufgerufen. Vor und nach der Torahlesung sagt der oder die Aufgerufene eine Bracha.

Schmuck und Bekleidung der Torah

Die Torahrollen sind uns sehr wichtig. Deshalb beschützen und verzieren wir sie.

Wusstest Du schon ...

An Simchat Torah werden alle Torahrollen aus dem Aron Hakodesch, dem Torahschrank genommen. Kinder und Erwachsene singen und tanzen in verschiedenen Umzügen mit den Torahrollen durch das Bejt Knesset. Diese Umzüge nennen wir Hakkafot. Weil Simchat Torah ein richtiges Freudenfest ist, bekommen die Kinder im Bejt Knesset Süßigkeiten.

Gürtel

Die Torahrolle, die auf zwei Holzstöcke gerollt und befestigt ist, wird zum Schutz von einem Gürtel zusammengehalten.

Torahmantel

Wenn wir nicht aus der Torah lesen, ziehen wir ihr einen Torahmantel an.

Rimonim

Zum Schluss schmücken wir die Torah mit Rimonim. Auf jedem Holzstock prangt ein silberner Rimon (Einzahl von Rimonim). An den Rimonim hängen oft kleine Glöckchen.

Schild

Um die Torah zu schmücken, hängen wir ihr ein silbernes Schild um.

Jad

Wenn wir aus der Torah lesen, berühren wir die Schrift nicht mit dem Finger. Wir berühren das Pergament, worauf die Torah Worte geschrieben sind, nicht, da sich die mit Tinte geschriebenen Buchstaben durch das Fett an den Händen mit der Zeit auflösen würden. Stattdessen zeigen wir mit der Jad auf die Wörter. Eine Jad, Hebräisch für Hand, ist ein silberner Weisefinger an einem Stiel.

Chanukka חֲנוּכָּה

Es war einmal … vor langer Zeit. Damals gab es noch einen Tempel in Jeruschalajim. Der Tempel war ein heiliges Haus, in dem Gott Tiere, Speisen und Gewürze geschenkt wurden. Heute gibt es keinen Tempel mehr und wir schenken Gott auch keine Tiere mehr. Damals, vor vielen Jahren, wurde der Tempel von griechischen Soldaten beschmutzt. Sie stellten Bilder von Götzen auf, an die das jüdische Volk überhaupt nicht glaubte. Sie brachten auch Schweine in den Tempel. Schweine sind für Juden unreine Tiere, die wir nicht essen dürfen. Die Griechen verboten den Juden aus der Torah zu lesen. Die Juden hatten Angst, getötet zu werden. Sie versteckten sich im Wald und in Höhlen. Heimlich lernten sie aus der Torah und beteten zu Gott.

Die Makkabäer waren jüdische Männer, die gegen die Griechen kämpften. Sie wollten das jüdische Volk befreien und den Tempel wieder sauber machen. Die Makabäer waren nur eine kleine Gruppe mutiger Männer. Ihr Glaube an Gott gab ihnen aber viel Kraft. Und da geschah ein Wunder. Die Makkabäer besiegten das große griechische Heer. Sie warfen die Götzenbilder aus dem Tempel und reinigten ihn. Als sie dann zum Schluss den siebenarmigen goldenen Leuchter, die M^enora anzünden wollten, fanden sie ein Krüglein mit Öl, das gerade genügte, um das Feuer einen Tag brennen zu lassen. Mit großer Freude und Dankbarkeit zündeten die jüdischen Männer die Lichter der goldenen M^enora an. Und da geschah ein zweites Wunder. Die M^enora brannte acht Tage lang, obwohl das Öl nur für einen Tag hätte reichen sollen. Und deshalb feiern wir Chanukka, das Fest der Einweihung des Tempels. Chanukka erinnert uns an zwei Wunder Gottes:

Die kleine Gruppe der Makkabäer hatte das große Heer der Griechen geschlagen. Das kleine Krüglein mit Öl ließ den goldenen Leuchter acht Tage, bis neues Öl gebracht wurde, brennen, obwohl das Öl nur für einen Tag hätte reichen sollen.

Ein Chanukkaleuchter, Chanukkia genannt, hat heute neun Arme, einen für jeden Tag, an dem der goldene Leuchter damals brannte, sowie einen Arm für den Diener, den Schamasch, mit dem wir die Lichter anzünden. Chanukka dauert acht Tage. Am 1. Tag zünden wir eine Chanukkakerze an, am 2. Tag zwei, am 3. Tag drei und so weiter, bis wir schließlich am 8. Tag alle acht Kerzen anzünden.

Brachot für das Anzünden der Chanukkakerzen

Erste Bracha:

בָּרוּךְ אַתָּה יהוה אֱלֹהֵינוּ מֶלֶךְ הָעוֹלָם אֲשֶׁר
קִדְּשָׁנוּ בְּמִצְוֹתָיו וְצִוָּנוּ לְהַדְלִיק נֵר שֶׁל חֲנֻכָּה.

Baruch ata Adonai Elohejnu melech ha'olam ascher kide**schanu b**e**mizwotaw w**e**ziwanu l**e**hadlik ner schel Chanukka.**

Gepriesen seist Du, EWIGER, unser Gott, König der Welt, der uns Seine Gebote geschenkt hat, und uns aufgetragen hat, die Chanukkakerzen anzuzünden.

Zweite Bracha:

בָּרוּךְ אַתָּה יהוה אֱלֹהֵינוּ מֶלֶךְ הָעוֹלָם שֶׁעָשָׂה
נִסִּים לַאֲבוֹתֵינוּ בַּיָּמִים הָהֵם בַּזְּמַן הַזֶּה.

Baruch ata Adonai Elohejnu melech ha'olam
sche'assa nissim la'awotenu bajamim hahem
basman hase.

Gepriesen seist Du, EWIGER, unser Gott, König der
Welt, der Du in früheren und in heutigen Zeiten
Wunder geschehen lässt.

Am 1. Tag, an dem man die Chanukkakerzen anzündet,
sagt man auch:

בָּרוּךְ אַתָּה יהוה אֱלֹהֵינוּ מֶלֶךְ הָעוֹלָם
שֶׁהֶחֱיָנוּ וְקִיְּמָנוּ וְהִגִּיעָנוּ לַזְּמַן הַזֶּה .

Baruch ata Adonai Elohejnu melech ha'olam
schehechejanu wᵉkijᵉmanu wᵉhigijanu lasman hase.

Gepriesen seist Du, EWIGER, unser Gott,
König der Welt, der Du uns das Leben
gibst, uns ernährst und uns den heutigen Tag erreichen lässt.

Chanukka Lied: Maos Zur

Jeden Abend, wenn wir die Chanukkakerzen anzünden, singen wir das Chanukkalied ‚Ma'os Zur' mit dem wir Gott danken dafür, dass Er uns immer wieder aus den Händen unserer Feinde gerettet hat.

> Ma'os zur j^eschu'ati l^echa na'e l^eschabe'ach. Kabel na t^ehilati, becha ani same'ach.
> M^echalelei misbe'ach, hajita m^echalele'ach wa'ani kol libi rak b^echa wote'ach.

> Zuflucht, meiner Hilfe Hort, Dir gebühret Lobgesang; nimm bitte mein Loblied an, nur in Dir freue ich mich.
> Die den Altar entweiht haben, hast Du vertrieben und ich, mit ganzem Herzen, vertraue nur auf Dich.

Diese erste Strophe des Ma'os Zur finden wir in unserem Siddur nicht. Sie kommt aus einem alten niederländischen Siddur. In der ersten Strophe der gängigen Siddurim ist die Rede von einem Gott der Schlachtungen anrichtet unter unseren Feinden. Darum passt uns die niederländische Strophe, in der wir Gott loben und ihm dafür danken, dass Er unsere Feinde vertrieben hat, besser.

Wusstest Du schon ... ?!

An Chanukka essen wir Suf-
ganiot, Berliner, und Latkes,
Kartoffelküchlein. Beide
Leckerbissen werden in Öl
gebacken, was uns an das
Wunder des Öls erinnert.
An Chanukka werden mit
der Familie allerlei Spiele
gespielt, so zum Beispiel das
Dreideln mit einem Kreisel.

Tu Bi Sch^ewat   טו בִּשְׁבָט

Tu Bi Sch^ewat ist ein Datum. Es ist der 15. Tag im 11. Monat des jüdischen Jahres. ‚Tu' bedeutet ‚15', 'Bi' bedeutet ‚im' (Monat) und ‚Sch^ewat' ist der Name für den 11. Monat.

Tu Bi Sch^ewat wird auch das Neujahr der Bäume genannt. In der Torah steht geschrieben:

> **Wenn ihr in das Land Israel kommt und allerlei Obstbäume pflanzt, dürft ihr die Früchte der Bäume drei Jahre lang nicht abschneiden und nicht essen. Im 4. Jahr sollen die Früchte als Dank, als heilige Gabe, Gott geweiht werden. Erst im 5. Jahr dürft ihr die Früchte der Bäume essen. Dann werden die Bäume euch viele Früchte geben. Ich bin der EWIGE, euer Gott.**

Das ist ein schwieriger Auftrag. Wie konnten sich die Bauern in Israel merken, wie alt jeder einzelne ihrer Bäume ist? Sie hatten ja oft Obstgärten mit vielen hundert Bäumen.

Aus diesem Grund hat man das Neujahr der Bäume eingeführt, und zwar an Tu Bi Sch^ewat feiern wir den Geburtstag von allen Bäumen in Israel. Jedes Jahr an Tu Bi Sch^ewat werden alle Bäume in Israel ein Jahr älter.

Früchte, von denen man die Schale nicht essen kann.

Früchte, deren Stein oder Kerngehäuse man nicht essen kann.

Früchte, die man ganz, mit Schale und Kern essen kann.

Am Neujahr der Bäume gehen die Kinder in Israel auf die Felder und in die Wälder und pflanzen junge Bäumchen. An Tu Bi Sch[e]wat essen wir möglichst viele verschiedene Sorten von Früchten, wenn möglich aus Israel.

Purim פּוּרִים

Vor etwas mehr als 2000 Jahren regierte in Persien der König Achaschwerosch. Einmal veranstaltete der König ein Festessen für die Männer am Hof. Der König hatte schon viel Wein getrunken und wurde immer fröhlicher. Da befahl er seinen Dienern, seine Frau Waschti zu holen. Alle sollten sehen, wie schön die Frau des Königs ist. Waschti wollte aber überhaupt nicht zum König. Deshalb wurde die arme Waschti fortgeschickt und war von nun an keine Königin mehr. Ohne Königin gefiel es dem König aber gar nicht. Seine Diener sollten ihm eine neue Königin suchen. Die schönsten Mädchen aus ganz Persien wurden eingeladen. In Persien wohnten auch Juden. Esther hatte keine Eltern mehr, deshalb sorgte ihr Onkel Mordechai für sie. Onkel Mordechai schickte Esther zum Schloss. Sie solle aber auf keinen Fall verraten, dass sie jüdisch sei, hat ihr Onkel ihr gesagt. Als Esther an der Reihe war, sich dem König zu zeigen, verliebte sich Achaschwerosch in sie. So eine schöne Frau hatte er in seinem ganzen Leben noch nie gesehen. Ja, diese Esther wollte er zur Frau. Esther bekam eine goldene Krone mit buntfarbigen Edelsteinen und der König liebte sie sehr.

Eines Tages hörte Mordechai, dass zwei Diener des Königs den König töten wollten. So schnell, wie seine Füße ihn tragen konnten, eilte Mordechai zum König und erzählte ihm, was er gehört hatte. Die Diener wurden bestraft. Der König stellte einen neuen Diener an. Er hieß Haman und war der Oberdiener. Haman war ein eingebildeter Kerl. Alle Menschen, die an ihm vorbeigingen oder zu ihm kamen, mussten sich vor ihm verbeugen. Mordechai verbeugte sich aber nicht vor Haman. Haman war wahnsinnig vor Wut. Er schrie und tobte wie ein Verrückter. „Das werden die Juden büßen", schrie er so laut er konnte. Er erzählte dem König Lügengeschichten über die Juden und auch, dass sie ihm, dem König nicht gehorchen würden.

Esther

Da bekam Haman die Erlaubnis, die Juden zu töten. Mit einem Los, auf Hebräisch ein Pur, bestimmte Haman, wann die Juden getötet werden sollten. Dieser schreckliche Plan wurde im ganzen Königreich bekannt gemacht. Die Juden bekamen furchtbar Angst. Esther weinte, als sie hörte, was den Juden geschehen wird und ging zum König. Sie sagte ihm, dass Haman alle Juden töten wolle, dass sie auch jüdisch sei und dass Haman ihren Onkel Mordechai aufhängen werde. Der König erinnerte sich, dass Mordechai ihm einmal das Leben gerettet hatte. Da befahl der König Haman, Mordechai als einen Helden auf einem Pferd durch die Stadt zu führen.

Mordechai wurde von Haman auf dem Pferd des Königs durch die Stadt geführt und von den Leuten bejubelt. Danach ließ der König den Haman töten. Mordechai wurde der neue Oberdiener des Königs. So wurden die Juden in Persien gerettet.

An Purim feiern wir diese wunderbare und spannende Rettung der Juden in Persien. Weshalb heißt dieses Fest denn Purim? Haman hatte mit dem Ziehen eines Loses den Tag bestimmt, an welchem er die Juden umbringen lassen würde. Das Wort „Los" heißt auf Hebräisch Pur. Purim sind mehrere Lose.

M^egilat Esther

An Purim lesen wir im Bejt Knesset die Esther-Rolle, die M^egilat Esther. In der Esther-Rolle steht die ganze Purim-Geschichte von König Achaschwerosch, Esther, Onkel Mordechai und dem bösen Haman. Seht ihr, dass die Esther-Rolle nur auf einen Holzstock gerollt ist?

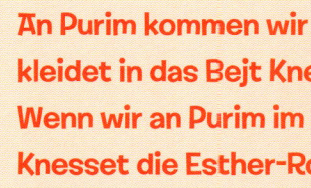

Wusstest Du schon ... ?!

An Purim kommen wir verkleidet in das Bejt Knesset. Wenn wir an Purim im Bejt Knesset die Esther-Rolle, die M^egilat Esther lesen, machen wir einen Höllenlärm mit der Rätsche, sobald der Name des Bösewichtes gelesen wird.

Pessach פֶּסַח

An Pessach feiern wir die Befreiung aus der Sklaverei und den Auszug aus dem Lande Ägypten.

Auszug aus Ägypten

Ein böser König regierte über Ägypten. Der König, man nannte ihn Pharao, hasste die Juden, die in seinem Land lebten. Die Menschen, die einmal aus Kena'an nach Ägypten gekommen waren, mussten harte Arbeit verrichten. Sie wurden Sklaven, bekamen keinen Lohn für ihre Arbeit und nur so wenig zu essen, dass sie gerade nicht verhungerten. Sie wurden mit Peitschen geschlagen. Mosche, ein ägyptischer Prinz, konnte das Elend der Sklaven nicht mehr mit ansehen. Mosche lebte zwar als ein ägyptischer Prinz am Königshof, in Wirklichkeit aber war er als jüdisches Baby von der Tochter des Pharaos in einem Korb auf dem Fluss treibend gefunden, gerettet und aufgezogen worden. Jetzt konnte Mosche das Leiden der Sklaven, das Leiden der Menschen, zu denen er gehörte, nicht mehr ertragen. Mosche flehte den Pharao an, seine Menschen gehen zu lassen. Pharao aber dachte nicht daran, die Sklaven zu befreien. Wer würde ihm dann die neuen Städte und die vielen Pyramiden bauen, wenn nicht die Sklaven? Da eilte Gott den Hebräern zu Hilfe. Ein Unglück nach dem andern traf die Ägypter. Heuschrecken frassen ihr Getreide auf, Unmengen Frösche hüpften überall herum, sprangen aus ihren Betten, Kästen und Scheunen. Das Wasser vom Fluss wurde blutig, die Nacht verdunkelte den Tag, die Menschen erkrankten und die Kinder der Ägypter starben. Die Plagen waren schrecklich. Da brach der Widerstand des Pharao und er tobte und rief zu Mosche: „Dein Gott ist mir zu groß- mächtig, er macht mir Angst, geh fort, ziehe weg, nimm Deine Menschen und verschwinde, schnell." Das ließ Mo- sche sich natürlich nicht zweimal sagen. Im Nu packten die Arbeiter ihre wenigen Sachen und im nächsten Augenblick schon zogen tausende von befreiten Sklaven aus Ägypten und machten sich auf den Weg ins Land Israel, das Gott ihren Vorfah- ren einst versprochen hatte.

Einst waren wir Sklaven

Die zehn Plagen

Blut
Das Wasser im Nil wurde rot.

Frösche
Tausende und Abertausende von Fröschen
überfluteten die Straßen und Häuser.

Ungeziefer
Ungeziefer besudelte den Lebensraum
der Menschen.

Stechfliegen
Stechfliegen aus der Wüste kamen in
großer Zahl in die Siedlungen.

Maul- und Klauenseuche
Die Tiere starben an einer schrecklichen
Krankheit.

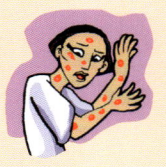
Aussatz

Die Menschen erkrankter an einer
ekelhaften Hautkrankheit.

Hagel

Ungeheure Hagelschauer vernichteten
alle Gewächse.

Heuschrecken

Millionen Heuschrecken fraßen die ganze
Ernte auf.

Finsternis

Es wurde dunkel und es blieb tagelang
dunkel.

Tod der Erstgeborenen

Die erstgeborenen ägyptischen Jungen,
Männer und Tiere starben.

Mazza, Mazzot

Als der Pharao nach der zehnten Plage die jüdischen Sklaven endlich gehen ließ, wollten die Menschen schnell los-
ziehen. Sie hatten furchtbare Angst, dass der Pharao es
sich letztendlich doch noch anders überlege und sie nicht
würde weggehen lassen. Sie packten nur das Nötigste und
sammelten in rasantem Tempo die Fladenbrote ein, die sie
zum Aufgehen in die Sonne gelegt hatten. Sie warfen die
Brotteige über ihre Schultern, nahmen ihr weniges Hab
und Gut und eilten weg. Die Brotteige vertrockneten auf
ihren Schultern und so entstand die Mazza.

Chamez

Gott hat uns aufgetragen, an Pessach kein Chamez zu essen. Und an diesen Auftrag halten wir uns. Chamez ist genau genommen eine Sorte Teig, die bei der Zubereitung gärt, also aufgeht. Heute nennen wir alle Speisen, die bei der Zubereitung oder beim Kochen und Backen aufgehen, Chamez. Wir essen kein Brot, keine Teigwaren, mit Weizenmehl zubereitete Kuchen und Kekse. Anstatt Brot essen wir Mazzot. Bevor Pessach anfängt, putzen wir das Haus und bringen alle Lebensmittel, die Chamez sind, in den Keller.

Seder

Der erste Abend von Pessach heißt Sederabend oder, abgekürzt, Seder. Am Seder sind wir sehr beschäftigt. Wir haben viel zu tun. Wir lesen über den Auszug aus Ägypten, wir sagen verschiedene Brachot, wir stellen Fragen, essen und singen und beten.

Haggada

In der Haggada steht ganz genau beschrieben, wie wir den Sederabend feiern sollen. Das Wort ‚Haggada' bedeutet

‚Erzählung'. In der Torah steht geschrieben, dass wir den Kindern über den Auszug aus Ägypten erzählen sollen. Wir dürfen nie vergessen, dass Gott uns aus der Sklaverei befreit hat. In der Haggada steht alles, was wir den Kindern erzählen und was wir am Sederabend machen sollen.

Ma nischtana

Ziemlich am Anfang des Sederabend werden vier Fragen gestellt. Es ist Brauch, dass das Ma nischtana, die vier Fragen, vom jüngsten Kind, das lesen kann, vorgelesen oder vorgesungen werden.

Ma nischtana bedeutet: Was ist denn anders? Die Kinder fragen die Eltern, was denn heute Abend anders ist als an allen anderen Abenden.

Ma nischtana halaila hase?

Ma nischtana halaila hase mikol halelot? Scheb^echol halelot anu ochlim chamez umazza. Halaila hase kulo mazza.

Scheb^echol halelot anu ochlin sch^ear j^erakot. Halaila hase maror.

Scheb^echol halelot en anu matbilin afilu pa'am echat. Halaila hase sch^ete p^eamim.

Scheb^echol halelot anu ochlin ben joschwin uwen m^essubin. Halaila hase kulanu m^essubin.

Warum ist dieser Abend anders als alle anderen Abende? An jedem anderen Abend essen wir gesäuertes und ungesäuertes Brot. An diesem Abend aber nur ungesäuertes.

An jedem anderen Abend essen wir beliebiges Gemüse. An diesem Abend aber nur bitteres.

An jedem anderen Abend tauchen wir keine Speisen ein. An diesem Abend aber zwei Mal.

An jedem anderen Abend essen wir aufrecht sitzend oder angelehnt. An diesem Abend aber nur angelehnt.

Sederplatte

Mitten auf dem Esstisch steht eine Sederplatte mit sechs Schüsselchen darauf. Auf jedem Schüsselchen liegt etwas, das uns an die Pessach-Geschichte erinnert. Wir finden auf den Schüsselchen: Petersilie, Meerrettich, ein bitteres Kraut, ein Ei, Apfel-Nuss-Brei und einen Knochen. In der Mitte oder neben der Sederplatte gibt es Mazzot.

Alle diese Sachen erinnern uns an die Sklaverei, die Befreiung oder den Frühling, in dem wir den Auszug aus Ägypten feiern.

Wusstest Du schon ...

Am Sederabend wird der Afikoman versteckt. Der Leiter des Sederabends wickelt ein Stück Mazza in eine Serviette und versteckt sie. Die versteckte Mazza heisst Afikoman. Die Kinder suchen den Afikoman. Vor dem Dessert muss der Afikoman zurückgegeben werden. Wer den Afikoman gefunden hat, darf sich ein Geschenk wünschen und gibt den Afikoman dann zurück.

Attribute auf der Sederplatte

Hebräisch	Was ist es?	Was bedeutet es?
Karpas	Erdfrucht, Petersilie, Karotten oder Kartoffeln	Ein Zeichen für den Frühling
Maror	Bitterkraut, meistens Meerrettich	Erinnerung an die bittere Sklavenzeit
Chaseret	Bitteres Blatt	Erinnerung an die bittere Sklavenzeit
Charosset	Mischung von Äpfeln, Rosinen, Nüssen und Wein	Der Zement zwischen den Ziegeln, womit die Sklaven Häuser gebaut hatten
Bejza	Im Ofen versengtes Ei	Ein Zeichen für den Frühling und eine Erinnerung an das Festopfer, das Gott im Tempel gebracht wurde
S^eroa	Lammknochen	Erinnerung an das Lamm, das geopfert wurde, um Blut an die Türpfosten zu schmieren, so dass die 10. Plage die Hebräer nicht treffen werde

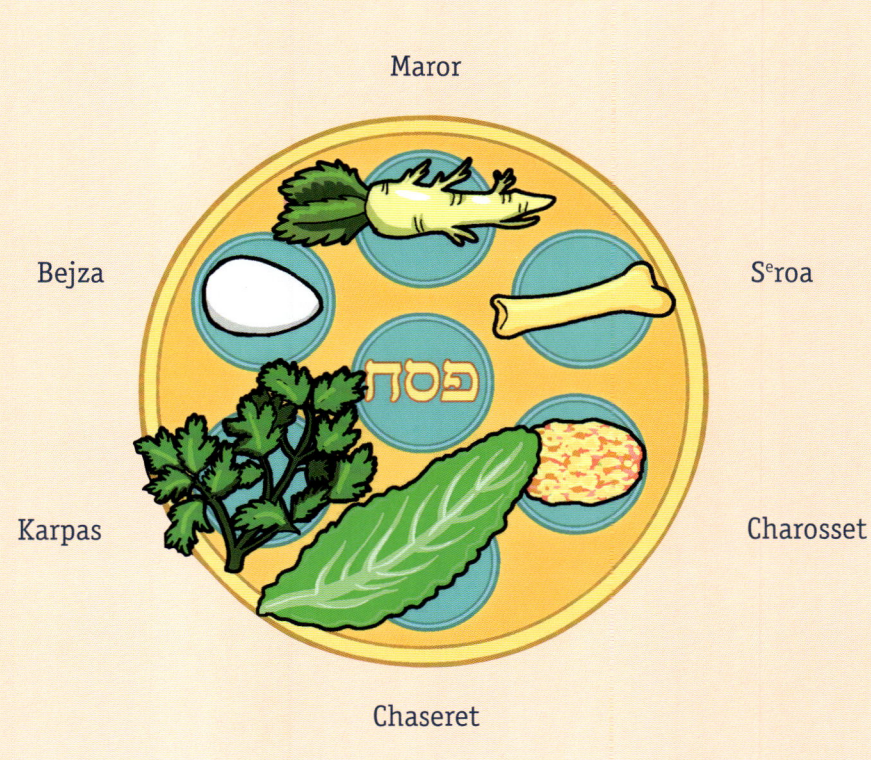

Maror

Bejza

S^eroa

Karpas

Charosset

Chaseret

Jom Ha'azma'ut   יוֹם הָעַצְמָאוּת

An Jom Ha'azma'ut feiern wir den Geburtstag von Israel, so wie wir in der Schweiz am 1. August den Geburtstag der Schweiz feiern, in Deutschland die Wiedervereinigung am 3. Oktober und in Österreich den Nationaltag am 26. Oktober.

Der erste Geburtstag von Israel war am 14. Mai 1948. Im jüdischen Kalender war das am 5. Ijar 5708.

An Jom Ha'azma'ut herrscht in ganz Israel grosse Freude. Die Erwachsenen arbeiten nicht und die Schulkinder haben frei. Man singt und tanzt auf der Straße. Häuser und Straßen sind mit Fahnen geschmückt. Am häufigsten aber werden Grillfeste gemacht. Alle Parks, Grünanlagen, Wälder und Wiesen sind voller Menschen, die grillen und spielen. Tausende von Familien, Großeltern, Urgroßeltern, Onkel und Tanten, Cousins und Cousinen, Kindern, Enkelkindern, Babys, einfach alle sind dabei. Man breitet große Tücher auf dem Boden aus, auf denen man sitzt und auf denen es übersät ist mit Tellern, Schüsseln, Flaschen, Gemüse, Obst, Saucen und allerlei Leckerbissen. Jede Familie hat ihren eigenen Grill, auf dem viel Fleisch zubereitet wird. Man isst, lacht, und freut sich. Die Kinder rennen fröhlich und ausgelassen herum.

Die Flagge von Israel

Die Flagge Israels ist, wie ihr seht, weiß mit blauen Streifen und einem blauen Davidstern, einem Magen David in der Mitte.

Hatikwa

Die Nationalhymne Israels heißt Hatikwa, was ‚die Hoffnung' bedeutet.

Kol od balewaw p^enima nefesch j^ehudi homija ul^efate misrach kadima ajin l^ezion zofia od lo awda tikwatenu hatikwa bat schnot alpajim lihjot am chofschi b^earzenu erez Zion wiruschalajim.

Solange im Herzen eine jüdische Seele wohnt und nur ein Auge nach Osten, nach Zion blickt, solange ist unsere Hoffnung, die zweitausend Jahre alt ist, nicht verloren, um ein freies Volk zu sein in unserem Land, im Lande Zion und in Jeruschalajim.

Zion

Vor vielen tausend Jahren gab es in Jeruschalajim eine Burg, die Zion hiess. Als König David die Stadt von den Jebusitern eroberte und zu seinem Königsitz und zu seiner Stadt machte, wurde die Burg Zion ein heiliger Platz. Seitdem wird das Wort ‚Zion' auch als ein anderer Name für Gott, für die Stadt Jeruschalajim und für das Land Israel verwendet.

Es gibt in Israel einen Berg Zion. Früher dachte man, dass die Burg Zion auf diesem Berg gestanden hatte. Heute weiß man, dass dies nicht stimmt.

Hier seht ihr das Wappen von Israel:

Schawu'ot   שָׁבוּעוֹת

An Schawu'ot opferten die jüdischen Bauern in der Tempelzeit Gott das erste Getreide ihrer Ernten. Deshalb heisst Schawu'ot auch Erstlingsfest. Mosche hatte mit der Hilfe Gottes die jüdischen Sklaven aus Ägypten befreit. Deshalb feiern wir Pessach. Dann führte Gott das Volk Israel in das versprochene Land, nach K°na'an. Der Weg dorthin führte durch die Wüste und dauerte 40 Jahre. Unterwegs hatte Gott dem Volk Israel neue Gesetze gegeben, die Zehn Weisungen und die ganze Torah. Dieses wichtige Geschehen feiern wir auch an Schawu'ot. Deshalb heisst Schawu'ot auch Fest der Gabe der Torah.

Bedeutungen und Namen von Schawu'ot

Hebräisch	Was ist es?	Was bedeutet es?
Chag Habikurim	Erstlingsfest	In der Tempelzeit wurde die erste Gerste der Ernte Gott geopfert.
Chag Matan Torah	Torah-Gabe-Fest	An Schawu'ot wurde dem Volk Israel die Torah gegeben.

An Schawu'ot werden im Bejt Knesset die Zehn Weisungen
aus der Torah gelesen.

1. Ich bin der Ewige, dein Gott, der dich aus
   Ägypten befreit hat.

2. Diene keinen anderen Götter!

3. Missbrauche den Namen Gottes nicht!

4. Erinnere dich, den Schabbat zu heiligen!

5. Ehre deinen Vater und deine Mutter!

6. Ermorde keine Menschen!

7. Sei deinem Mann oder deiner Frau treu!

8. Stehle nicht!

9. Sage keine Unwahrheiten über
   deinen Nächsten!

10. Begehre nicht, was dir nicht gehört!

Die Torah

In der Wüste beim Berg Sinai hat das jüdische Volk die Torah, die jüdische Lehre bekommen. Dies ist das wichtigste Ereignis in der Geschichte des jüdischen Volkes. Ohne Torah wären wir kein Volk Israel. Ohne Torah gäbe es kein Judentum und keine Juden. Wir nennen die Torah auch Chumasch. Der Name ‚Chumasch' kommt von dem hebräischen Wort ‚Chamesch', das ‚fünf' bedeutet.

Wusstest Du schon ... ?!

Die Torah ist die erste auf Pergament geschriebene jüdische Lehre. Alte Schriften wurden mit Feder und Tinte auf Pergament geschrieben. Pergament ist hauchdünne getrocknete Tierhaut. Auch die Torah wurde vor vielen tausend Jahren auf Pergament geschrieben. Die Torahrollen werden auch heute noch mit Feder und Tinte auf Pergament geschrieben. Es dauert etwa ein ganzes Jahr, bis man eine Torahrolle geschrieben hat.

Mᵉgilat Ruth

An Schawu'ot lesen wir im Bejt Knesset die Mᵉgilat Ruth, die Geschichte von Ruth und ihrer Schwiegermutter Na'omi. Die Geschichte der Ruth spielt genau in den sieben Wochen zwischen Pessach und Schawu'ot. In dieser Zeit wurde die erste Gerste geerntet.

Es lebte ein sehr angesehener und reicher Mann in Bejt Lechem im Lande Juda. Er hieß Elimelech. Es gab eine grosse Hungersnot im Lande. Elimelech, seine Frau Na'omi und seine beiden Söhne verließen das Land und gingen in das Land Mo'aw. Nicht lange darauf starb Elimelech. Die beiden Söhne heirateten zwei Frauen aus Mo'aw: Orpa und Ruth. Nach zehn Jahren starben beide Söhne von Na'omi. So blieb sie verlassen und alleine, ohne Mann und ohne Kinder. Sie hatte wohl zwei gute Schwiegertöchter, doch waren sie Fremde. Na'omi wollte aber zurück in ihre Heimat. Das Herz gebrochen vor Schmerz und ganz arm verliess sie das Land Mo'aw. Die zwei Schwiegertöchter begleiteten sie. Auf dem Weg sagte Na'omi zu ihnen: „Kehret zurück zu Eurem Volk und in Euer Land. Ich danke Euch für Eure Treue und Liebe. Ihr seid aber jung und werdet wieder heiraten. Ihr werdet Fremde sein im Land Israel." Orpa wollte zunächst nicht gehen, aber sie ließ sich überreden, küsste Na'omi und kehrte zu ihrem Volk zurück. Ruth aber sagte: „Nein, ich gehe mit Dir, wenn ich auch noch so arm sein werde und eine Fremde bin und man mich nicht lieb haben wird. Ich bleibe bei Dir und Deinem Volk. Wo Du hingehst, da gehe auch ich hin, Dein Volk ist mein Volk, Dein Gott ist mein Gott. Wo Du stirbst, will auch ich begraben werden. Allein der Tod wird uns trennen."

Da Na'omi sah, dass Ruth jedes Wort meinte, wie sie es sagte, küsste sie sie innig und beide schluchzten und weinten aus Rührung. Und sie liefen weiter ohne ein Wort zu reden und sie kamen in Bejt Lechem an. Die Menschen wunderten sich sehr, Na'omi alt, traurig und arm wieder zu sehen. Sie war nicht wiederzuerkennen! Sie gehörte vorher zu den reichsten Menschen der Stadt! Jetzt war sie hungrig und hatte nicht viel zu essen. Es war gerade Erntezeit. In Israel gibt es das schöne Gesetz, dass man alle herunter gefallenen Ähren liegen lassen soll, damit die Armen, Witwen und Waisen sie auflesen können. Ruth sagte: „Liebe Schwiegermutter, ich werde die Ähren auf den Äckern aufheben und wir werden sie dreschen. So werden wir zu essen haben." Zufällig ging sie auf das Ackerfeld von Bo'as. Bo'as war sehr reich und auch sehr gutherzig und hatte Mitleid mit unglücklichen und hungrigen Menschen. Er sah Ruth auf seinem Felde und fragte seine Arbeiter: „Wer ist diese Frau?" Sie erzählten ihm, dass sie eine Fremde sei, ihre Schwiegermutter nicht im Stich gelassen hatte und dass sie eine gute Israelitin werden wolle. Bo'as sagte zu Ruth: „Komme jeden Tag hierher, Du brauchst nicht auf andere Felder zu gehen." Er gab ihr zu essen und zu trinken. Sie behielt immer etwas übrig und brachte es der Na'omi. Auch hatten sie abends genügend Korn, um Brot zu backen. Na'omi sagte ihr: „Ruth, dieser Bo'as, bei dem du Ähren aufliest, ist ein ganz naher Verwandter meines Mannes. Frage ihn, ob er unser Grundstück kaufen will." Als die Weizenernte zu

Ende war, und sie nichts mehr zu essen hatten, ging Ruth zu Bo'as und sie fragte ihn das, was Na'omi ihr gesagt hatte. Bo'as, der großen Gefallen an der lieblichen Ruth fand, sagte ihr: „Es besteht ein Gesetz, dass der allernächste Verwandte das Erbe kaufen muss und die Witwe heiraten soll. Es gibt einen näheren Verwandten als mich. Ich werde ihn fragen. Wenn er es aber nicht tut, dann will ich dich heiraten." Ruth war rot vor Aufregung und erzählte das Geschehene ihrer Schwiegermutter. Na'omi sagte: „Liebe Ruth, Gott belohnt Dich für Deine Liebe und Treue zu mir und zu unserem Volke." Und da der nächste Verwandte wohl das Geld geben, sie jedoch nicht heiraten wollte, wurde sie die Frau von Bo'as. Sie waren sehr glücklich. Sie bekamen einen Sohn, der Owed hieß. Owed war der Großvater von David, dem großen und unvergessenen König von Israel.

(aus: Hella Taubes, Im heiligen Land, 1964)

Impressum

Herausgegeber
Jüdische Liberale Gemeinde Or Chadasch, Zürich
Union progressiver Juden in Deutschland

Texte
Sylvia Dym

Schlussredaktion
Rabbiner Reuven Bar Ephraim

Umschlaggestaltung, Satz, Layout und Fotografie / Zeichnungen
mosaic GmbH | Werbung – Gestaltung – Kunst | Bielefeld
Matthias Hauke, Marc Sobotta

Zeichnungen
Davka

Koordination, Organisation
Irith Michelsohn

Das Werk einschließlich aller seiner Teile ist urheberrechtlich geschützt.
Jede Verwertung außerhalb der engen Grenzen des Urheberrechtsgeset-
zes ist ohne Zustimmung des Verlages unzulässig und strafbar. Das gilt
insbesondere für Vervielfältigungen, Übersetzungen, Mikroverfilmungen
und die Einspeicherung und Verarbeitung in elektronischen Systemen.

© Jüdische Verlagsanstalt Berlin, Enger 2017/5777

Printed in Germany
ISBN 978-3-934658-62-2

Erklärung zu dem Ringel-S:

„ß", das sogenannte Ringel-S, ist ein Buchstabe des deutschen Alphabets, der in Deutschland und Österreich, jedoch nicht in der Schweiz verwendet wird. Hier wird „ß" durch Doppel-S ersetzt.